www.tredition.de

Jamal Khan wurde 1961 als Sohn eines Pakistaners und einer Deutschen in London geboren.

Als er zwei Jahre alt war, trennten sich seine Eltern und er wuchs mit seinem älteren Bruder in eher einfachen Verhältnissen bei seiner Mutter in der Nähe Frankfurts auf.

Nach der Mittleren Reife machte er eine kaufmännische Lehre in einer Weinhandlung und arbeitete dort als Kellermeister, wechselte jedoch später in die Redaktion eines Anzeigenverlags.

Aus Unzufriedenheit holte er auf dem Abendgymnasium das Abitur nach und studierte im Anschluss Marketing-Kommunikation, bevor er als Texter in einer kleinen Agentur anfing und in der Werbung Karriere machte: Er war dreimal Geschäftsführer internationaler Agenturen und Mitgründer einer Agentur, die später an ein Network verkauft wurde.

Nach 25 Jahren Werbung wechselte er komplett das Metier und gründete mit einem Partner ein Unternehmen, das sich auf Livestreaming spezialisiert hat.

Jamal Khan lebt mit Frau, Sohn und Hund heute vor den Toren Frankfurts. „Die Billard-Strategie" ist sein erstes Buch.

www.tredition.de

© 2012 Jamal Khan

Umschlagsfoto: © Sashkinw | Dreamstime.com

Verlag: tredition GmbH, Hamburg

ISBN: 978-3-8491-1718-4

Printed in Germany

Jamal Khan

Die Billard-Strategie

Ihr Schlüssel zum persönlichen Erfolg!

> **„Wege entstehen dadurch, dass man sie geht."**
>
> (Franz Kafka)

Vorwort

Es gibt bereits viele Ratgeber rund um das Thema Erfolg – von wissenschaftlichen Betrachtungen über eher allgemeine Sichtweisen bin hin zu esoterischer Literatur.

Die Billard-Strategie bedient sich zwar bei alldem, hat aber nicht den Anspruch, alles davon in sich zu vereinen. Eigentlich ist die Billard-Strategie eher eins: eine Erfahrung, die über Jahrzehnte intensiv getestet wurde und sich als erfolgreich herausgestellt hat.

Letzteres weiß ich so genau, weil ich derjenige bin, der die Billard-Strategie mit seinem bisherigen Werdegang auf ihren Erfolg hin getestet hat: In jungen Jahren eher unbewusst, mit zunehmendem Alter aber durch allerhand Lesestoff, Vorträge sowie Erfahrungen aus dem täglichen Leben bewusst angereichert. Bis ich eines Tages meine eigene Taktik formulierte und ihr einen Namen gab: die Billard-Strategie!

Die Billard-Strategie kann auch „Ihr Schlüssel zum persönlichen Erfolg" werden. Wobei die Betonung auf „kann" liegt, denn was sie auslöst, entscheiden Sie selbst. Was nicht heißen soll, dass Sie sich aufs Sofa setzen und dann schwuppdiwupp dank Ihrer Gedanken alles in Ihrem Leben so wird, wie Sie das gerne hätten. Mitnichten!

Bei der Billard-Strategie geht es nicht um die sogenannte Affirmierung von Zielen, die Wünsche wahr werden lassen, sondern um eine generelle Denk- und Sichtweise. Wenn Sie diese verinnerlichen, werden Sie zukünftig weniger reagieren, sondern mehr agieren und dadurch leichter an Ihre Ziele gelangen!

Was ich Ihnen bereits jetzt versprechen kann: Die Billard-Strategie besticht durch ihre Einfachheit! Schon allein deshalb werden manche Menschen sie nicht annehmen, weil sie der festen Überzeugung sind, das Leben sei ein Mysterium, welches nicht so einfach zu verändern ist.

Ich weiß nur: Mir hat das Einfache immer geholfen! Aber jeder soll nach seiner Fasson leben: Ich zwänge die Billard-Strategie niemandem auf und möchte auch die Menschheit nicht damit missionieren.

Wer es kompliziert mag, der soll es eben auch weiterhin kompliziert haben – nur wird es aus meiner Sicht dann nicht einfach werden, ein glückliches, zufriedenes und gewinnbringendes Leben zu führen. Wobei Sie „gewinnbringend" auf keinen Fall rein monetär verstehen sollten: Ein erfolgreiches Leben zeigt sich gewiss nicht nur auf Ihrem Bankkonto!

Wenn Sie sich ebenfalls mit „Einfachheit" anfreunden können, dann wird Ihr Weiterlesen mit Denkanstößen belohnt, die bei Ihnen Veränderungen auslösen und Sie optimistischer in die Zukunft gehen lassen können.

Denn eins steht fest: Jedem, mit dem ich bisher über die Billard-Strategie sprach, hat sie irgendwie weitergeholfen – unabhängig von der jeweiligen Lebenssituation und ob derjenige große oder kleine Probleme hatte. Ich kann also mit Fug und Recht behaupten: Sie funktioniert immer und hat keinerlei Nebenwirkungen!

In einer weltbekannten Sportartikelwerbung heißt es man soll's einfach machen! Genau das rate ich Ihnen jetzt auch: Die Billard-Strategie ist ganz einfach und wird genauso einfach von mir beschrieben. Sie können sie „in einem Rutsch" durchlesen und anschließend den Prozess sofort für sich anstoßen!

Ob Sie dann ganz schnell oder eher langsam Ihre Ziele erreichen: Ich wünsche Ihnen auf jeden Fall nur das Beste und würde mich freuen, wenn Sie mir eines Tages von Ihren positiven Veränderungen dank der Billard-Strategie berichten – schreiben Sie mir bitte unter jamal.khan@live.de oder posten Sie ein paar Zeilen auf Facebook unter „Die Billard-Strategie".

Kapitel 1
Danach ist nichts mehr, wie es einmal war

Ich bin überzeugt davon, dass sich Ihr Leben durch dieses Buch nachhaltig verändern kann. Um meine Gewissheit zu verstehen, sollen Sie aber zunächst erfahren, wie es überhaupt zu diesem Buch gekommen ist.

In der Vergangenheit sprach ich über die Billard-Strategie immer nur bei gegebenem Anlass. So auch vor einiger Zeit, als sich meine Frau und ich mit einem befreundeten Pärchen in einem Restaurant trafen. Irgendwann erzählte unsere Freundin frustriert, wie sehr sie unter ihrer neuen Chefin leidet und dass sie jeglichen Spaß an ihrer Arbeit verloren habe. Was ihr jahrelang große Freude bereitet und wo sie voller Engagement gearbeitet hatte, führte nur noch zu Frust und war für sie zu einem nicht enden wollenden täglichen Kampf geworden.

Neu war das für uns nicht wirklich – ähnlich frustriert hatte sie schon bei unserem letzten Treffen vor fast einem Jahr erzählt, als die neue Chefin gekommen war und gleich alles besser wusste, sie nicht mehr eigenverantwortlich arbeiten ließ und ständig kontrollierte.

Beide fragten wir unisono, warum sie sich in der Zwischenzeit nicht einmal bei einer anderen Firma beworben habe? Schließlich seien engagierte Mitarbeiter doch begehrt und sie würde sicherlich etwas anderes finden. Abgesehen davon, dass es nach unserer Ansicht sowieso besser sei, unter solchen Umständen die Stelle zu wechseln und sich nicht täglich zu ärgern und womöglich eines Tages davon auch noch krank zu werden.

Unsere Freundin hatte zunächst einmal viele gute Gründe parat, warum sie in der Zwischenzeit nichts unternommen hatte – das reichte von ihrem guten Gehalt über die Vier-Tage-Woche bis hin zur Nähe des Arbeitsplatzes zu ihrem Zuhause.

So nachvollziehbar sich das anhörte, je länger wir darüber sprachen, desto mehr gestand sie sich selbst ein, dass die wahren Gründe ihres Nichtstuns wohl eher in einer Mischung aus Angst vor Veränderung und einem Schuss Bequemlichkeit zu suchen waren.

Gleichwohl sah es unsere Freundin nach so langer Zeit auch ganz realistisch: Weder ihre Chefin noch ihre Gesamtsituation würden sich von selbst irgendwann ändern und sie war sich im Grunde genommen auch schon lange dessen bewusst, dass es so nicht weitergehen konnte.

Wie bekannt mir das vorkam: Auch ich hatte vor vielen, vielen Jahren einmal eine ähnliche Situation erlebt. Obwohl ich von meinem Chef schikaniert wurde, keinen Spaß mehr an der Arbeit hatte und ziemlich unglücklich war, versuchte ich die Situation über einen langen Zeitraum regelrecht „auszusitzen".

Ich harrte fast zwei Jahre auf dieser Stelle aus, doch es tat sich nichts bzw. nicht das, was ich mir insgeheim erhofft hatte. Am Ende musste ich mich gezwungenermaßen „bewegen". Zwar heißt es im Volksmund „Der Mensch ist ein Gewohnheitstier" und so gesehen befand ich mich mit meinem zweijährigen Verharren in bester Gesellschaft, aber es wurde gleich in doppelter Hinsicht eine schmerzhafte Erfahrung für mich: Ich zog mir durch den ganzen Ärger nämlich auch noch ein Magengeschwür zu.

Einerseits im Job gemobbt, andererseits krank – zu meinen psychischen Nöten kamen also auch noch physische Schmerzen. Ich ärgerte mich über mich selbst und beschloss, etwas zu ändern, damit mir so etwas nicht noch einmal in meinem Leben passiert.

Doch wie konnte ich im Voraus wissen, ob mir nicht irgendwann wieder ein solcher Vorgesetzter die Arbeit schwer machen würde? Deshalb begann ich mit der Suche nach etwas, was mir die Angst vor Veränderungen nehmen konnte und wodurch ich verhindern könnte, meine Zeit damit zu vertrödeln, „auf der Stelle zu treten", und dabei eventuell krank zu werden.

Das war aus heutiger Sicht eine besonders gesunde Einstellung, denn es hat bis heute hervorragend geklappt, meinen empfindlichen Magen zu schützen.

Im Nachhinein kann ich gar nicht mehr sagen, was zuerst da war: Erst die Strategie und dann das Bild oder erst das Bild und dann die Strategie? Allerdings muss man wissen, dass ich ein visueller Mensch bin und mir Bilder leichter einprägen kann (sagen Sie mir zum Beispiel Ihren Namen und ich vergesse ihn ganz schnell wieder, aber Ihr Gesicht werde ich mir noch viele Jahre merken können) und deshalb brauchte ich für meine Strategie ein passendes Bild vor Augen.

Im Grunde spielt das aber auch keine Rolle mehr, was zuerst da war – der Gedanke an „Billard" brachte es einfach nur hervorragend auf den Punkt: Nicht weil ich ein leidenschaftlicher Billard-Spieler war, sondern weil es die perfekte Metapher darstellte, um mir die Folgen meines Nichtstuns sowie die Folgen meines Handelns immer vor Augen zu führen.

So entstand die Billard-Strategie, ohne dass ich das damals an die große Glocke hängte – es ging zunächst nur um mich und darum, ein passendes Bild im Hinterkopf zu haben, um nicht mehr tatenlos zu sein.

Erst viele Jahre später begann ich, dem einen oder anderen Freund und Bekannten bei passender Gelegenheit die Billard-Strategie als Ratschlag mit auf den Weg zu geben.

Wie an diesem Abend: Als ich unserer Freundin die Billard-Strategie erklärte, war sie so begeistert, dass sie umgehend beschloss, ihre Jobmisere in Angriff zu nehmen. (Unter uns: Kaum dass Sie das Thema in Angriff nahm, bekam Sie auch schon eine neue Herausforderung in einem anderen Unternehmen angeboten, kündigte umgehend und ist heute wieder glücklich und voller Engagement bei ihrer Arbeit.)

Mir wurde an diesem Abend aber noch etwas ganz anderes bewusst: Obwohl ich die Billard-Strategie schon seit langer Zeit selbst nutzte, war sie gar nicht so vielen Menschen in meinem näheren Umfeld bekannt. Was bestimmt auch daran lag, dass ich nur gelegentlich davon sprach und obendrein ein grundsätzlich positiver Mensch bin. Also jemand, für den das Glas immer halbvoll und nie halbleer ist, so dass niemand ein Prinzip hinter meiner positiven Haltung vermutete.

Selbst meine Frau – die mich seit fast 30 Jahren kennt – kannte die Billard-Strategie noch nicht: Ich hatte ihr schlicht und ergreifend noch nie davon erzählt. Wozu auch? Sie denkt genauso positiv wie ich und es gab noch nie eine Situation, wo ich es als angebracht empfunden hätte, sie ihr anzutragen.

Auf dem Weg nach Hause meinte sie dann voller Begeisterung, dass die Billard-Strategie eine wundervolle Veranschaulichung für unsere Freundin gewesen sei. Als sie wissen wollte, von wem ich diese Metapher habe, hielt sie meine Antwort zunächst für einen Scherz. Dann meinte sie aber, dass ich damit bestimmt vielen Menschen helfen könnte – und damit war die Idee zu diesem Buch geboren.

Gesagt, getan! Während Sie also jetzt gespannt auf die Billard-Strategie sind, bin ich gespannt, was sie mir alles bringen wird. Und das meine ich jetzt gar nicht monetär, sondern ganz generell – wenn Sie dieses Buch gelesen haben, werden Sie verstehen, was ich meine. Denn eine wichtige Erkenntnis lautet:

Wenn man erst einmal etwas angestoßen hat, wird nichts mehr so sein, wie es einmal war – deshalb lohnt sich selbst der kleinste „Anstoß" im Leben!

Kapitel 2
Haben Sie überhaupt ein Problem?

Wenn Sie jetzt glauben, dass es Ihnen anders als unserer Freundin geht, dann stellen Sie sich selbst die Gretchenfrage: Sind Sie wirklich mit allem zufrieden?

Die Frage habe ich absichtlich so allgemein gehalten, damit Sie leicht antworten könnten: Klar bin ich zufrieden, mir geht's gut! Ich habe eine tolle Arbeit oder ich habe einen tollen Partner oder ich habe tolle Kinder oder ich habe ein tolles Haus oder ich habe ein tolles Auto oder ich habe sonst was, was Ihnen lieb und teuer ist. Außerdem könnten Sie auch sagen: Ich bin gesund und munter, warum sollte ich unzufrieden sein?

Doch ich habe nicht umsonst die Gretchenfrage gestellt – also die auf den Kern eines Problems zielende Frage. Wohl wissend, dass die Antwort darauf zunächst unangenehm ist, da sie letztlich ein Bekenntnis abverlangt, vor dem sich viele Menschen drücken. Der Grund dafür ist einfach: Sobald man sich selbst eingesteht, dass man mit etwas unzufrieden ist, müsste man es eigentlich auch ändern – denn auf Dauer lebt mit Selbstbetrug niemand komplikationsfrei weiter.

Doch bis sich die meisten Menschen zu einer Veränderungen entschließen können – egal, ob sie von ihnen selbst kommt oder gezwungenermaßen durch andere erwirkt wird – trifft die Aussage „der Mensch ist ein Gewohnheitstier" 100-prozentig zu – das Thema wird gerne vertagt, verdrängt und entschuldigt, so lange es irgendwie geht.

Deshalb: Gibt es etwas, was Sie eigentlich schon längst in Angriff nehmen müssten, aber ständig vor sich herschieben? Dann werden Sie durch die Billard-Strategie erkennen, dass auch Veränderungen durchaus positive Seiten haben – zumindest dann, wenn sie von einem selbst in Gang gesetzt und dadurch auch ein klein wenig gesteuert werden.

Das heißt nicht, dass Sie nach der Lektüre des Buches alles in Ihrem Leben steuern können. Sicher nicht! Das Leben steckt voller Irrungen und Wirrungen und hält immer wieder große und kleine Überraschungen parat. Was dagegen sicherlich passieren wird: Sie beenden das „auf der Stelle treten" und entdecken Chancen, sehen mehr Wege und Möglichkeiten und werden diese nach Abwägen der Vor- und Nachteile bestimmt auch für sich nutzen.

Wenn es also irgendetwas gibt, was Sie schon längere Zeit ändern wollten, aber bisher nicht in Angriff nahmen, dann brauchen Sie zukünftig keine Ausreden mehr. Ausreden, die sowieso nur für Sie selbst bestimmt waren.

Sollte Ihnen z. B. Ihr jetziger Job schon lange keinen Spaß mehr machen, dann hören Sie nicht länger auf jene innere Stimme, die „hier verdiene ich sehr viel Geld" oder „hier habe ich einen sicheren Job" oder „ich hatte in letzter Zeit so viel um die Ohren und deshalb keine Zeit, mich richtig umzuschauen" oder ähnliches mehr zu Ihnen sagen könnte.

Fangen Sie einfach an, die Veränderung einzuleiten. Das heißt aber nicht, dass Sie Ihrem Chef gleich morgen die Kündigung auf den Tisch knallen sollen. Genauso wenig, dass Sie bereits übermorgen einen neuen Job finden werden. Aber es führt dazu, dass Sie, wenn Sie den ersten Schritt gegangen sind, anschließend vielleicht nur noch wenige kleine Schritte brauchen, um Ihr Ziel zu erreichen. Eventuell machen Sie aber auch erst einmal einen Schritt zur Seite oder vielleicht sogar wieder einen kleinen Schritt zurück und danach dann drei Schritte voran.

Dieses „Schritt für Schritt" ist typisch für die Billard-Strategie. Sie werden damit äußerst flexibel in Ihrer Vorgehensweise. Es bedarf nämlich keiner großen Planerei mit tagelangem Tüfteln – Sie fangen einfach an. Eins ist Ihnen dabei sicher:

Sobald Sie sich bewegen, egal in welche Richtung, werden Sie sehen, wie sich alles um Sie herum verändert.

Kapitel 3
Sparen Sie sich negative Gedanken

Bevor Sie die Billard-Strategie kennenlernen, möchte ich Sie noch etwas mehr darauf einstimmen. Dazu zählt, dass Sie generell positive Gedanken haben sollten. Ich weiß, das fällt nicht unbedingt leicht und klappt mal besser und mal schlechter. Wenn Sie zu den Menschen gehören, die positiv wie negativ denken oder sogar eher zu negativen Gedanken neigen, dann ist das hier jetzt besonders wichtig für Sie.

Um positiv zu denken, müssen Sie die Welt weder durch eine rosarote Brille sehen und schönfärben noch naiv sein und die Wirklichkeit ausblenden. Grundsätzlich gilt jedoch: Sie können auf etwas Gutes hoffen oder etwas Schlechtes erwarten, beides heißt erst einmal nicht, dass auch so Ihre Zukunft aussehen wird.

Mit absoluter Sicherheit lässt sich nur eins voraussagen: Eines von beiden wird eintreffen!

Deshalb können Sie sich vorab auch ganz rational Gedanken dazu machen, das Für und Wider abwägen und sich ausmalen, wie die Situation in Zukunft sein wird und was am Ende für Sie dabei herausspringt – und das, ohne sich gleich Sorgen machen zu müssen.

Zunächst einmal ist das abwägende Durchdenken der Zukunft weder positiv noch negativ, es ist neutral! Und obwohl sich die Zukunft nicht vorhersehen lässt, wird sie dabei unbewusst von Ihnen beeinflusst.

Entscheidend ist nämlich Ihre innere Haltung zu der zukünftigen Situation. Haben Sie schon einmal von der „self-fulfilling prophecy", also der sich selbst erfüllenden Prophezeiung gehört? Damit ist die Vorhersage gemeint, die eintritt, weil man an sie glaubt und sich deshalb unbewusst so verhält, dass sie sich erfüllt. Genauso wie die „self-destroying prophecy", also die selbstzerstörerische Prophezeiung, bei der man sich so verhält, dass etwas einfach nicht funktionieren kann.

Beide Begriffe wurden vom amerikanischen Soziologen Robert K. Merton geprägt, der im Sinne des Thomas-Theorems die Mechanismen zur Begründung von Auswirkungen bestimmter Einstellungen und Handlungsweisen wissenschaftlich analysierte. Das Thomas-Theorem besagt, dass jedes Handeln reale Konsequenzen zur Folge hat, egal wie irreal die Situationsdefinition war, die dazu führte – somit geht es um die Differenz zwischen subjektiver Wirklichkeit und objektiver Realität.

Falls Ihnen das zu wissenschaftlich ist, kann ich es an einem ganz einfachen Beispiel festmachen: Ich schreibe gerade dieses Buch. Ob es eines Tages gelesen wird oder überhaupt jemanden interessiert, kann ich rational gesehen beim Schreiben nicht beeinflussen – es ist also völlig einerlei, wie lange ich mir darüber den Kopf zerbreche und was ich gedanklich alles durchspiele.

Insofern stelle ich mir lieber vor, dass mein Buch ein voller Erfolg wird! Natürlich könnte ich mir das ausschließlich in den schönsten Farben ausmalen, aber ich denke auch an den möglichen Misserfolg – um achselzuckend festzustellen, dass ich dann wenigstens versucht hätte, die Billard-Strategie unter die Leute zu bringen, und wenn dabei nur einem Menschen weitergeholfen würde, wäre das meine Arbeit schon Wert gewesen.

Merken Sie etwas? Mit meinen Gedanken über die Zukunft, die ich sowieso zunächst nicht verändern kann, habe ich gleich mehrere Fliegen mit einer Klappe geschlagen: Erstens habe ich mein Selbstvertrauen gestärkt und kann das Buch jetzt problemlos schreiben, einerlei wie anstrengend das nebenbei wird. Zweitens habe ich mir bereits den Erfolg in den schönsten Farben ausgemalt und werde somit unbewusst ein gutes Buch schreiben. Und drittens kann ich selbst für den Fall, dass das Buch nur von meiner Familie und guten Freunden gelesen wird und somit nur wenig Resonanz bringt, dem Ganzen noch etwas Positives abgewinnen.

Statt mir also auf dem Weg zu meinem ersten Buch von Anfang an alle möglichen „Stolpersteine" vor die Füße zu werfen, habe ich mich in eine förderliche Stimmung versetzt. Kurzum: Ich freue mich regelrecht darauf, was im Zusammenhang mit diesem Projekt alles auf mich zukommen wird.

Ich hoffe, dass ist Ihnen jetzt nicht zu einfach gewesen, denn Sie sollen es genauso machen: Wenn ein für Sie wichtiges Thema ansteht, dann denken Sie es ganz rational durch. Lassen Sie sich dabei weder von Ihren Emotionen noch von der Meinung anderer leiten und sofort werden Sie merken, dass Pessimismus nicht zielführend sein kann.

Wie auch? Wenn Sie von vornherein etwas Negatives voraussetzen, obwohl Sie sowieso nicht wissen, ob es so oder so kommen wird, konditionieren Sie sich gleich von Anfang an falsch!

Sie haben dann bereits schlechte Laune, bevor überhaupt etwas Unangenehmes passiert. Das wiederum demotiviert Sie von vornherein und Sie werden zudem mehr mit sich selbst „zu kämpfen" haben als mit der eigentlichen Angelegenheit. Sind zudem noch andere Personen involviert, stecken Sie diese mit Ihrer schlechten Laune an – im privaten Umfeld genauso wie am Arbeitsplatz.

Vielleicht kennen Sie die Spruch „Das Leben schwer nehmen ist leicht, das Leben leicht nehmen ist schwer". Es hat nichts mit Ihrem Umfeld zu tun, wenn Sie sich Ihr Leben schwerer als nötig machen. Um ganz ehrlich zu sein: Es liegt einzig und allein an Ihnen!

Es kommt nicht von ungefähr, dass negativ denkende Menschen immer „ein Haar in der Suppe" finden. Und finden sie nichts, so bleiben sie so lange misstrauisch und glauben nicht an einen Erfolg, bis dieser ausbleibt. Was negativ denkende Menschen nicht bedenken: Im Sinne der selbstzerstörerischen Prophezeiung wird das Schlechte, das Sie vorab ständig denken, am Ende auch eintreten!

Noch einmal: Das heißt nicht, dass Sie alles durch die rosarote Brille sehen sollen. Was Sie aber verinnerlichen müssen: Negatives Denken schützt Sie vor rein gar nichts!

Oder glauben Sie wirklich, Sie wären gegen Enttäuschungen gefeit, wenn Sie sich erst gar keine Hoffnung auf Erfolg machen? Ein Irrglaube, denn ohne Hoffnung kann sich keine einzige Situation zu Ihrem Vorteil verändern und bei einem Misserfolg sind Sie nicht weniger enttäuscht.

Statt sich also düstere Gedanken zu machen und sich durch Nichtstun vor Enttäuschungen schützen zu wollen, sollten Sie lieber die Chancen und Risiken realistisch bewerten und das mögliche Scheitern einplanen. Lassen Sie sich aber von Letzterem nicht „runterziehen", sondern machen Sie sich lieber die damit einhergehenden Chancen (und die gibt es selbst bei einem Misserfolg) bewusst.

Sehen Sie es einfach sportlich: Jeder von uns weiß, dass ein Spiel – egal, ob es sich beispielsweise um

Fußball, Golf oder „Mensch-ärgere-dich-nicht" handelt – auch verloren werden kann. Und wir spielen trotzdem. Genauso ist es im Leben: Mal gewinnt man, mal verliert man! Womit Sie einen weiteren wichtigen Punkt der Billard-Strategie kennengelernt haben:

Nur wer etwas unternimmt, minimiert sein Risiko bei einem Misserfolg – bloßes Nachdenken und Nichtstun erhöht es dagegen.

Kapitel 4
Unnütze Emotionen sind fehl am Platz

Vielleicht wissen Sie selbst bereits sehr gut, dass negative Gedanken unnütz sind. Trotzdem kann es Ihnen schwer fallen, Ihre „Baustellen" immer positiv anzugehen.

Sehen Sie es einmal so: Nicht jeder Sachverhalt benötigt Emotionen – schon gar nicht, wenn Sie wissen, dass diese bei Ihnen negativ ausfallen können.

Bedenken Sie weiter: Wenn Sie diese negativen Emotionen zulassen, sehen Sie nur noch Gefahren und mögliche Fehlerquellen, nehmen bei anderen Menschen nur noch deren Fehler wahr und beobachten auch sonst nur Fehlschläge in dieser Welt.

Ich selbst kann sehr emotional werden und weiß deshalb allzu gut, wie schwer es manchmal fällt, rational zu bleiben. Was nicht heißen soll, dass ich deshalb unkritisch oder leichtgläubig bin. Genauso wenig, dass ich meinen Emotionen nicht mehr nachgeben darf und es bei mir zum Beispiel kein Lachen, Weinen oder Schreien mehr gibt. Betrachte ich entscheidende Themen aber rational, fürchte ich mich viel weniger vor einem Misserfolg.

Außerdem kann ich einen möglichen Fehlschlag viel besser ausloten, ohne gleich von negativen Gedanken übermannt zu werden.

Wenn Sie Ihre Gedanken ebenfalls von vornherein in die rationale Richtung lenken, konzentrieren Sie sich unvermeidlich auf ein positives Gelingen – wodurch Sie intuitiv die richtigen Wege und Möglichkeiten finden, Ihre Vorhaben auch erfolgreich enden zu lassen.

Statt sich also sinnloserweise negativ aufzuladen, sollten Sie sich positiv motivieren – indem Sie sich neben den guten auch die weniger guten Szenarien vor Augen führen, aber rational bleiben. Würden Sie nur an das Gute denken, wäre das naiv – schließlich kann immer etwas schiefgehen. Bedenken Sie dagegen beide Aspekte, werden Sie sich automatisch für den positiven Fortgang des Geschehens entscheiden. Und da Sie auch an ein mögliches Scheitern gedacht haben, werden Sie auch nicht so enttäuscht sein, wenn tatsächlich nicht alles wie erhofft „über die Bühne" geht.

Vorab sind das aber sowieso erst einmal alles reine Gedankenspiele – Sie werden nicht umhin kommen zu überlegen, wie Sie die Dinge eigentlich angehen möchten. Das bedeutet, dass Sie zunächst nach dem optimalen Ergebnis suchen, Verbesserungen einplanen, Ideen und Ansätze sammeln, verschiedene Szenarien durchspielen – kurzum, Sie sind mit zielgerichteten Lösungen beschäftigt. Was durchaus sinnvoll ist: Eine positive Motivation stellt sich dann wie von selbst ein!

Je mehr Lösungsmöglichkeiten Sie gedanklich für sich durchspielen, desto sicherer werden Sie werden und umso deutlicher sehen Sie Ihren Erfolg. Beschäftigen Sie sich deshalb mit Ihren Zielen und den

Wegen dorthin – negatives Denken legen Sie dann ganz automatisch zur Seite.

Auch das ist eine weitere wichtige Erkenntnis der Billard-Strategie:

Bringen Sie Ordnung in Ihre Gedanken, vermeiden Sie negative Emotionen und geben Sie sich selbst konsequent und motiviert Ihre Zielrichtung vor.

Kapitel 5
Kleine Ursache, große Wirkung.

Wir schrieben das Jahr 1963, als der amerikanische Meteorologe Edward Lorenz durch Zufall etwas herausfand: Als er bei einer Wetterberechnung aus Versehen statt sechs Stellen hinter dem Komma nur die ersten drei Stellen in den Computer eingab, kam ein ganz anderes Ergebnis dabei heraus – er war perplex, denn eigentlich hätte diese kleine Abweichung doch zu einem nahezu gleichen Resultat führen müssen.

Nachdem Lorenz einen Computerfehler definitiv ausschließen konnte, machte er eine Feststellung, die für die meisten Menschen zunächst ziemlich banal klang: Kleine Ursachen können große Wirkungen haben!

Lorenz befasste sich ziemlich eingehend mit diesem Phänomen, das als „Schmetterlingseffekt" weltweit bekannt wurde. Seine Theorie: Kann der Flügelschlag eines Schmetterlings in Brasilien einen Tornado in Texas auslösen? Sein Fazit: Das Wetter muss global betrachtet werden und deshalb kann man es nicht langfristig vorhersagen. Die Zusammenhänge sind einfach zu komplex – selbst ein noch so geringer urplötzlich auftretender Einfluss kann dafür sorgen, dass alles ganz anders kommt, als es anfangs aussah. Das Wetter ist grundsätzlich chaotisch!

In der daraufhin aufkommenden Chaosforschung stellte man fest, dass nicht nur das Wetter unberechenbar war. Auch im Alltag gab es Phänomene, die sich nur schwer oder gar nicht mathematisch bestimmen ließen: etwa ein tropfender Wasserhahn! Bis heute kann niemand voraussagen, nach wie vielen Sekunden es erneut „plopp" machen wird.

Aber auch beim Stau auf der Autobahn ist es nicht anders – seine Entstehung und Auflösung lässt sich einfach nicht prognostizieren. Nicht grundlos spricht der Volksmund gerne vom Verkehrschaos.

Die Chaostheorie hat aber auch einen gewissen Charme, denn bestimmte Aus- und Vorhersagen sind auch in chaotischen Systemen möglich – wissenschaftlich richtig spricht man dann von Systemen mit deterministischem Chaos. Wobei der Begriff „deterministisch" (aus dem Lateinischen für bestimmbar, berechenbar) hierbei bedeutet, dass das beschriebene System durch lösbare Gleichungen definierbar ist. Doch jenseits dieses Chaos, in dem sich durchaus noch Eigenschaften erkennen lassen, gibt es das von Lorenz und vielen anderen Wissenschaftlern gefundene Chaos, über das keine Aussagen getroffen werden können – und das gilt auch fürs Billardspielen.

Stellen Sie sich das perfekte Billardspiel vor: Die weiße Kugel soll punktgenau über den Tisch rollen und mit einer oder mehreren anderen Kugeln kollidieren. Der Spieler wird die Wirkung des Stoßes, mit dem er die weiße Kugel auf die Reise schickt, exakt abschätzen. Doch wie weit könnte selbst der beste Spieler der Welt mit der absolut perfekten Kontrolle über seinen Stoß die genaue Bahn der angestoßenen Kugel und ihre Folgen vorhersagen? Sobald er auch nur einen winzigen Effet dabei übersehen würde, dessen Stärke verschwindend klein sein könnte, wäre seine Vorhersage nach wenigen Zentimetern bereits hinfällig. Die Ungenauigkeit würde dabei rasant wachsen, weil die Kugel rund ist und sich selbst wenige Millimeter Bahnabweichung bei jedem weiteren Zusammenstoß mit den anderen Kugeln potenzieren würden. Die sichtbaren Folgen: Unabhängig von der winzigen Abweichung der Stoßrichtung würde mit jeder weiteren Kollision der anfängliche Fehler multipliziert und damit selbst eine noch so kleine Beeinträchtigung beim Auslaufen der weißen Kugel eine solche Dimension erreichen, dass sie mit dem bloßen Auge erkennbar wäre.

So gesehen herrscht beim Billardspielen das absolute Chaos. Sie werden sich jetzt sicherlich fragen, warum Sie dann auf die Billard-Strategie setzen sollten? Die Antwort ist ganz einfach:

Mit der Billard-Strategie verändern Sie nicht Ihre Zukunft – denn die ist zu komplex. Aber Sie versetzen sich in eine bessere Ausgangslage.

Kapitel 6
Die Billard-Strategie.

Das Grundprinzip der Billard-Strategie kennen Sie jetzt. Doch eventuell gehören Sie zu denjenigen, die noch nie Billard gespielt haben. Bevor ich also die Billard-Strategie endgültig erläutere, erkläre ich einmal kurz das Spiel an sich. Dafür habe ich unter den diversen Billard-Varianten einfach Poolbillard ausgewählt, weil dieses aus meiner Sicht am leichtesten zu spielen und am schnellsten zu erklären ist.

Beim Poolbillard geht es vereinfacht gesagt darum, dass zwei Spieler mithilfe einer weißen Kugel insgesamt 15 farbige Kugeln (halb- und ganzfarbig) in die sechs Taschen des Billardstisches (jeweils in den Ecken sowie mittig rechts und links) beliebig einlochen. Die weiße Kugel wird dabei als einzige Kugel mit dem Queue (einem langen Holzstab) über den Billard-Tisch gestoßen.

Einer der beiden Spieler beginnt das Spiel, indem er vom vorgegebenen Startpunkt aus die weiße Kugel in die zum Dreieck angeordneten 15 Kugeln stößt. Je nachdem, ob er dabei als erste Kugel eine halb- oder vollfarbige einlocht, spielt er die restlichen Kugeln dieser Sorte dann fertig.

Die schwarze Kugel darf erst als letzte eingelocht werden, wenn man alle anderen Kugeln seiner Sorte versenkt hat. Locht ein Spieler einmal nicht ein, so kommt der andere Spieler dran und darf solang spielen, bis er wiederum keine Kugel mehr einlocht.

Gewinner ist am Ende derjenige, der die schwarze Kugel versenkt. Dabei gibt es verschiedene Arten zu spielen, auf eine legt man sich vorab fest – dies alles aber jetzt noch zu erklären, führt dann doch zu weit. Soweit also das Spiel an sich ... und das übertragen wir nun aufs richtige Leben und schon kennen Sie die Billard-Strategie!

Vergessen wir zunächst den zweiten Spieler, der kommt später ins Spiel. Entscheidend ist zunächst einmal die weiße Kugel, denn das ist Ihre Aktivität! Was immer gerade ein Problem für Sie darstellt –

wenn Sie am überlegen sind, was Sie machen sollen und wie es weitergeht – versetzen Sie sich gedanklich in die Position Ihrer weißen Kugel auf dem Startpunkt des Billardtisches.

Ihr gegenüber liegen die anderen 15 Kugeln, zum Dreieck gruppiert – denn so beginnt das Billardspiel. Solange sie unangestoßen bleibt, wird sich an diesem Bild nichts ändern: 15 Kugeln als Dreiecksformation vor ihr und rundherum die Bande.

Sie haben damit – wie im richtigen Leben – ein überschaubares „Spielfeld", auf dem Sie Ihre Kugel zwar bewegen, aber nicht ohne Weiteres ausbrechen lassen können.

Auf Ihrem Spielsfeld sind Sie flexibel: Zwar müssen Sie Spielregeln einhalten (im richtigen Leben werden diese zum Beispiel von Ihrer Familie, Ihrem Umfeld, Ihren Freunden, Ihrer Firma, Ihrem Job oder Ihren Kollegen kommen, genauso wie von der Öffentlichkeit oder durch Gesetze), aber es bleibt

Ihnen überlassen, was Sie als Nächstes tun und wie Ihr Spielzug aussieht.

Es wäre nun töricht, gar nichts zu unternehmen! Doch genau das machen viele Menschen in ihrem Leben: Statt ihr Problem anzugehen und irgendetwas zu unternehmen, verharren sie im Nichtstun, treten auf der Stelle und warten ab, was passiert.

Nun sehen Sie das einmal wieder aus der Perspektive Ihrer weißen Kugel: Wenn sie hier liegen bliebe, was würde sich für sie verändern? Richtig, nichts! Sie würde keinen Millimeter weiter kommen, als sie gerade ist. Kurzum: Sie würden die ganze Zeit den gleichen Blick auf das ganze Geschehen vor, neben und hinter ihr haben.

Anders sieht es aus, wenn Sie ihr einen Stoß (oder anders ausgedrückt „sich einen Ruck") geben, denn dann rollt sie los! Dabei muss dieser Stoß gar nicht besonders kräftig gewesen sein. Entscheidend ist, dass sie sich überhaupt in Bewegung gesetzt hat!

Anderenfalls würde der gegnerische Spieler drankommen und Sie hätten verloren.

Nehmen wir an, Sie geben ihr zwar einen Stoß, sind aber ein vorsichtiger Mensch – dann wird der Stoß wohl eher leicht ausfallen, sie rollt auf das Kugeldreieck zu und bleibt wahrscheinlich kurz davor liegen.

Nach den Spielregeln kommt jetzt der andere Spieler dran. Bei der Billard-Strategie ist das eigentlich egal – entscheidend ist, dass Sie Ihre weiße Kugel in Bewegung gesetzt haben! Denn nun sieht die Welt für Sie ganz anders aus: Das Kugeldreieck, welches eben noch weit entfernt war, liegt nun direkt vor Ihnen. Sie könnte jetzt zum Beispiel die vorderen Kugeln genau in Augenschein nehmen.

Auf Ihr Leben übertragen heißt das: Sie sind nun näher an Ihren möglichen Chancen dran und sehen die damit einhergehenden denkbaren Veränderungen viel deutlicher. Sie erkennen Details, die Sie vorher

schon wegen der Distanz gar nicht sehen bzw. wahrnehmen konnten.

Selbst wenn Sie keinen Wert auf Details legen, so
haben Sie wenigsten den ersten Schritt gewagt. Sie
werden sehen: Von hier aus muss Ihr nächster Schritt
gar nicht mehr so groß sein, um noch näher ans Ziel
zu kommen oder es zu erreichen.

Anders gesagt: Spätestens hier werden Sie merken,
dass Sie selbst mit kleinen Schritten weiterkommen
können, auch wenn Ihr eigentliches Ziel anfangs un-
erreichbar weit entfernt zu sein schien. Setzen Sie die
weiße Kugel – also sich selbst – hingegen nicht in
Bewegung, wird Ihr Ziel für immer ein unerfüllbarer
Traum bleiben!

Bevor Sie jetzt denken: „Das war's!" und sich ent-
spannt zurücklehnen – es reicht natürlich nicht aus,
dass Sie sich nur einmal in Bewegung setzen. Denn
sobald und solange der andere Spieler dran ist und
Sie sich nicht bewegen, können Sie verlieren.

Wobei das Verlieren an sich nicht das Problem ist: Selbst der weltbeste Billard-Spieler kann nicht immer gewinnen! Verliert er, wird er sich bestimmt ärgern, das ist menschlich. Aber glauben Sie wirklich, er würde deshalb nicht mehr weiterspielen? Mitnichten!

Er hakt sein verpatztes Spiel ab und versucht daraus zu lernen – denn nur so gewinnt er weitere Erkenntnisse und Erfahrungen. Für ihn tragen also selbst Niederlagen dazu bei, dass er sich zu einem besseren Spieler entwickelt. Nicht umsonst heißt es im Volksmund: Übung macht den Meister!

Dagegen machen viele Menschen den Fehler, dass sie anfangs bei einem Thema voller Enthusiasmus loslegen, aber schnell resigniert aufgeben, wenn sich der gewünschte Erfolg nicht sofort einstellt.

Ein zweiter, dritter oder gar vierter Versuch kommt nicht in Frage, weil „es einfach nicht geht". Denken Sie immer an den weltbesten Billard-Spieler: Sie können sicherlich nicht jedes Spiel gewinnen, aber Sie können aus jedem Spiel lernen und dadurch auf lange Sicht immer besser werden!

Lassen Sie sich deshalb nicht entmutigen, wenn Sie sich in Bewegung gesetzt haben, aber dann alles ganz anders kommt, als Sie das eigentlich wollten oder geplant hatten. Vergessen Sie nicht: Ob Billardspiel oder Zukunft, beides wird durch das Chaos bestimmt, bei dem kleinste Ursachen plötzlich alles wieder verändern können. Egal, was man Ihnen sagt oder was Sie sich wünschen: Beides kann, genauso wie das Wetter, niemals genau vorausgesagt werden.

Deshalb kann auch jeder Ihrer Spielzüge innerhalb von Sekunden alles auf den Kopf stellen: Etwa dann, wenn Sie anstelle eines vorsichtigen mit einem sehr kraftvollen Stoß beginnen und mit voller Wucht in das Kugeldreieck krachen.

Jetzt flitzen die Kugeln nach allen Seiten auseinander, prallen von den Banden ab und verteilen sich über das ganze Spielfeld. Dabei wird eventuell die eine oder andere Kugel versenkt, Kugelpaare werden neu gruppiert, die eine Kugel rollt weiter weg als die andere und so weiter und so fort. Viel interessanter ist aber: Jetzt liegt auch Ihre weiße Kugel ganz woanders, als wenn Sie einen leichten Stoß gemacht hätten. Sie sehen wahrscheinlich nicht mehr Details, sondern haben plötzlich mehr Chancen vor Augen.

Während anfangs nur das Anspielen des Kugeldreiecks sinnvoll erschien, haben Sie nun eine ganze Reihe von Möglichkeiten zur Wahl. Eventuell haben Sie sogar die Chance, die eine oder andere Kugel einzulochen oder das Spiel sogar bis zum Ende durchzuspielen und für sich zu entscheiden.

Wie gesagt: Sie haben die Chance dazu. Denn auch wenn nun alles perfekt für Sie aussieht, heißt das noch lange nicht, dass es auch so weitergeht. Es ist also tatsächlich wie im richtigen Leben: Bewegen Sie sich, ergeben sich neue Möglichkeiten für Sie. Harren Sie jedoch auf der Stelle aus, bleibt alles beim Alten!

Das Folgenschwere daran: Auch wenn Sie nichts machen, bewegt sich trotzdem alles um Sie herum weiter. Daher spielt es keine Rolle, ob Sie einen oder mehrere „Mitspieler" haben: Alle wollen ihr Ziel erreichen und verändern damit auch direkt oder indirekt Ihr „Spielfeld".

Deshalb steht fest: Wer auf Nummer sicher geht und nichts unternimmt, bekommt Veränderungen durch sein Umfeld trotzdem aufgezwungen. Das kann von einer auf die andere Sekunde passieren, aber auch Tage, Wochen, Monate oder gar Jahre dauern – je nachdem, wie nervend, bedrohend oder vernichtend diese Veränderungen von einem selbst wahrgenommen werden.

Veränderungen holen also irgendwann jeden ein und spätestens dann muss man sich „bewegen". Nur hat man dann nicht mehr so viele Möglichkeiten zur Wahl, wie man sie zu einem früheren Zeitpunkt gehabt hätte. Wer jetzt auch noch unter Zeitdruck handeln muss, hat weder die Ruhe noch die Kraft, nach neuen Möglichkeiten und Wegen zu suchen. Es bleibt also nichts anderes mehr übrig, als die nächstbeste Gelegenheit beim Schopf zu packen.

Wenn man Glück hat, geht das für einen gut. Wenn man Pech hat, aber auch nicht. Deshalb sollten Sie folgendes verinnerlichen:

Wer Dinge nicht angeht, kann nicht agieren, sondern muss irgendwann reagieren! Und wer reagiert, hat oft die schlechtere Ausgangslage, weil weniger Optionen zur Verfügung stehen.

Kapitel 7
Think positive

Nun kennen Sie die Billard-Strategie. Wie ich eingangs bereits sagte, ist sie relativ einfach. Letztlich ist ihr ganzes Geheimnis im ständigen „Bewegen" begründet: Sie sind die weiße Kugel, Sie sollten sich bewegen!

Wenn Sie erst einmal rollen, verändert sich alles: Nichts ist mehr, wie es einmal war. Je mehr Sie sich bewegen, umso weniger gelangen Sie also in die exakt gleiche Ausgangslage wieder zurück! Und je mehr Chancen und Wege sich auftun, umso mehr Möglichkeiten haben Sie, diese erfolgreich zu nutzen.

Für eine solche übergeordnete Sichtweise ist es äußerst nützlich, dass Sie die Welt um sich und Ihr Leben positiv betrachten. Denn wenn Sie Ihr Dasein auf Erden als ständigen Kampf empfinden, so wird es auch ein ständiger Kampf bleiben. Wahrscheinlich sehen Sie sich in dem Fall auch mit der Billard-

Strategie eher als Verlierer und glauben, dass Sie gegen Ihr Schicksal nicht ankommen können.

Doch diese Ausrede zieht – im wahrsten Sinne des Wortes – nicht mehr, wenn Sie die Seiten bisher noch einmal Revue passieren lassen: Es gibt einfach nicht das Schicksal, das Sie „wie an Fäden gezogen" in bestimmte Situationen bringt! Vielmehr passiert immer das, was sich dazu bewusst oder unbewusst in Ihren Gedanken abgespielt hat oder abspielt bzw. von dem Sie ausgehen, dass es passieren wird.

Versuchen Sie im Sinne der Billard-Strategie Ihr Leben nicht mehr als Kampf zu sehen, sondern als Spiel: Natürlich kann auch einmal ein Spiel verloren gehen, aber das ist nicht so zerstörend, als wenn Sie einem Kampf unterliegen. Vor allem können Sie bei einem Spiel umgehend Revanche fordern – Sie beginnen einfach ein neues Spiel. Nicht umsonst heißt es doch auch: „Neues Spiel, neues Glück!"

Versuchen Sie also nicht verbissen und verkrampft Ihre Ziele zu erreichen – dadurch legen Sie sich nur noch mehr Hindernisse in Ihren Weg. Genauso wenig sollten Sie endlos lange an Strategien tüfteln, was Sie wann und wie erledigen wollen und werden, sondern besser einfach loslegen – alles weitere ergibt sich danach von selbst!

Das besonders Gute an der Billard-Strategie: Sie können jederzeit Ihr Tempo, Ihre Richtung und Ihre Tricks auf dem Spielfeld selbst bestimmen!

Vergeuden Sie also keine Kraft mit sinnlosen Kämpfen gegen sich selbst. Konzentrieren Sie sich lieber darauf, dass Sie Ihre „weiße Kugel" in das Spiel einbringen – in Ihr Spiel! Mit welcher Finesse Sie sie dabei umherflitzen lassen und was Sie alles für sich entdecken, liegt einzig und allein an Ihnen.

Wenn Sie sich jetzt nicht vorstellen können, dass Ihre Gedanke ans Billardspielen etwas „auslöst", dann sollten Sie folgendes bedenken: Gedanken sind bei weitem kein „Nichts", sondern – wie wissenschaftlich bewiesen – Impulse, die elektrische und chemische Reaktionen im Gehirn auslösen. Auch wenn Sie nichts davon spüren und die Vorgänge vollautomatisch ablaufen, sind Ihre Gedanken regelrechte Kräfte!

Sobald Sie auch nur einen Gedanken haben, startet dieser mehrere Vorgänge in Ihrem Gehirn: Chemische Kontrollsubstanzen werden im Körper freigesetzt und bringen Ihr zentrales Nervensystem zum Reagieren und Handeln.

Natürlich ist uns das alles beim Denken nicht bewusst. Noch weniger wissen wir, wohin unser Gehirn die neuen Informationen sendet und was dort mit ihnen geschieht – Letzteres wird vom Unterbewusstsein gesteuert und entzieht sich damit zunächst einmal jeglicher Kontrolle.

Wobei „Unterbewusstsein" umgangssprachlich ist und von der Psychologie das Unbewusste genannt wird – also der Bereich der menschlichen Psyche, der dem Bewusstsein nicht direkt zugänglich ist. Des Weiteren geht man in der Psychologie davon aus, dass die unbewussten psychischen Prozesse unser Handeln, Denken und Fühlen zwingend mitsteuern.

In den 80er Jahren wurde der amerikanische Hirnforscher Benjamin Libet mit dem „Libet-Experiment" bekannt – er maß die zeitliche Abfolge bewusster Handlungsentscheidungen und ihrer motorischen Umsetzung.

Darauf aufbauend konnte der deutsche Biologe und Hirnforscher Gerhard Roth unter anderem auch feststellen, dass das, was wir als bewusste Entscheidung wahrnehmen, das Ergebnis eines komplexen unbewussten Prozesses ist.

Während wir also wissentlich im Bewusstsein noch grübeln, hat unser Unterbewusstsein schon längst eine Entscheidung dazu getroffen. Hirnstrommessungen belegen, dass das Bewusstsein dem Unterbewusstsein zeitlich hinterherhinkt.

Unser Bewusstsein scheint also damit beschäftigt zu sein, einer bereits getroffenen Entscheidung, Wahrnehmung oder Handlung im Nachhinein noch eine logische Erklärung mitzugeben. Sozusagen für unseren Seelenfrieden.

Natürlich gibt es noch weitere Thesen zum Unterbewusstsein – sein Einfluss steht aber außer Frage. Was allerdings gleich eine ganz andere Frage aufwirft: Was steckt eigentlich im Unterbewusstsein und lässt uns bestimmte Sachen machen oder nicht machen?

Von Geburt an werden im Unterbewusstsein Muster verankert: Worte, die man hört, Gedanken, die man denkt, und vieles mehr. Manches davon gräbt sich besonders tief ein – gleichgültig, ob es von einem selbst oder von anderen kommt und ob es zutreffend oder unzutreffend, gesund oder ungesund, hilfreich oder nutzlos ist.

Durch diese jahrelange „Programmierung" setzen sich im Unterbewusstsein wiederholt Handlungen und Gedanken fest. Da wir Menschen von Natur aus Gewohnheitstiere sind, neigt unser Gehirn dazu, die am tiefsten eingegrabenen Verhaltensmuster ständig zu wiederholen.

Unglücklicherweise sind diese Verhaltensmuster aber nicht immer gut. Besonders wenn sich unangemessene oder selbstbehindernde Programme im Unterbewusstsein verankert haben, beeinflussen sie uns bei jedem derartigen Gedanken mit entsprechenden Konsequenzen.

Dem Gehirn ist es letztlich völlig egal, ob ein „Gedanken-Programm" gut oder schlecht ist: Wie ein Computer arbeitet es einfach nur das Programm ab, welches dafür auf „der Festplatte" gespeichert ist. Kurzum: Jeder von uns sorgt unbewusst selbst dafür, dass er so handelt, wie er letztlich handelt!

Erschwerend kommt hinzu: Kaum einer entzieht sich etwaigen negativen Selbstbewertungs-Gedanken. Was deshalb problematisch ist, weil man sich damit auch schon wieder unwillkürlich selbst programmiert und einen Teufelskreislauf betritt.

Wie wollen Sie zum Beispiel etwas erfolgreich bewältigen, wenn Sie sich selbst sagen „das schaffe ich nicht", „ich bin mit dem falschen Fuß aufgestanden",

„das kann ich nicht", „dafür habe ich keine Zeit" oder „ich habe kein Glück"?

Die Beispiele lassen sich beliebig fortsetzen und auf jede Situation übertragen. Solche Gedanken-Programmierungen bestimmen unser Leben – wir haben bereits von früh auf bestimmte Programmierungen in uns und in der Gegenwart schaffen wir uns weitere dazu.

Das alles zusammen ergibt dann die zukünftige „Spielvoraussetzung", die entweder für oder gegen einen arbeitet, die einem hilft oder schadet und die einen in großen Schritten oder eben auch keinen Millimeter näher an sein gewünschtes Ziel bringt.

Unterschätzen Sie also niemals die Arbeitsweise und die Kraft Ihres Gehirns! Erfreulicherweise können Sie aber jederzeit selbst bestimmen, womit Sie sich als nächstes programmieren.

Ihrem Unterbewusstsein ist es nämlich völlig egal, wo es etwas herbekommt oder wie. Es akzeptiert alles, was ihm zugeführt wird – gleichgültig, ob es ein

Gedanke oder ein Selbstgespräch ist, ob es richtig oder falsch ist und ob es zu Ihrem Wohle oder zu Ihrem Schaden beitragen wird. Deshalb gibt es eine Art Gesetzmäßigkeit: Wenn Sie positiv denken, wird das auch positive Folgen für Sie haben!

Sie können zwar Ihre Zukunft nicht verändern, aber in gewisser Weise nach Ihren Wünschen gestalten – was nichts mit Wunschmalerei zu tun hat! Viel mehr übernehmen Sie die Kontrolle über Ihre Gedanken und haben dann Einfluss darauf, wohin Sie Ihre Aktivität bei Ihrem Spiel „rollen" lassen und wie weit Sie kommen.

Schließlich sind Sie – wenn Sie von Ihrer genetischen Struktur und von den Eigenschaften, die Sie eventuell von Ihren Vorfahren geerbt haben, einmal absehen – tatsächlich der Antrieb Ihrer „eigenen weißen Kugel".

Was auch immer Sie in Ihrer Vergangenheit an negativen Mustern angelegt haben, wenn Sie diese ändern wollen, dann können Sie das jederzeit – entweder alleine mit der Kraft Ihrer Gedanken oder Sie lassen sich dabei von fachkundiger Stelle, etwa von einem Psychologen, helfen.

Wenn Sie also die positive Programmierung Ihres Unterbewusstseins nicht selbst in die Hand nehmen, werden Sie weiterhin von der Gedanken-Programmierung Ihrer Eltern, Ihrer Lehrer, Ihrer Erfahrungen, Ihres Umfelds und von den Launen und Macken anderer um Sie herum abhängig sein.

Es bringt also nichts, wenn Sie zum Beispiel jemand anderem Schuldzuweisungen geben, dass Ihr Leben so verlief, wie es verlaufen ist.

Machen Sie sich nicht selbst etwas vor: Ihr Leben ist so, wie es gerade ist und die Vergangenheit ist Vergangenheit – daran können Sie nichts mehr ändern! Was Sie aber können: Einfluss auf Ihre Zukunft nehmen, denn die liegt noch vor Ihnen! Sie können jede Sekunde ab jetzt exakt so „spielen", wie Sie das gerne möchten!

Deshalb: Geben Sie sich im Sinne der Billard-Strategie ruhig immer wieder einen neuen Anstoß! Denn eins ist dabei sicher:

Was Sie mit Ihren Gedanken machen, liegt an Ihnen – Sie können jederzeit selbst bestimmen, wie „Ihr Spiel" weitergeht!

Kapitel 8
Fangen Sie an zu spielen!

Selbst durchtrainierte Spitzensportler schaffen es nicht immer auf Anhieb, ihr Leistungspotential auf Kommando auszuschöpfen und ihr Ziel zu erreichen.

Meist liegt das nur daran, dass sie gefühlsbetonte selbstbeschränkende Gedanken zulassen und diesen sogar noch beipflichten. Statt sich selbst richtig zu motivieren und zum Beispiel zu sagen „Du wist der Erste sein", sagen sie sich „Du wirst nicht der Letzte sein" – was für das Gehirn im übertragenen Sinne heißt „Du wirst es nicht schaffen"!

Der deutsche Diplomsportlehrer und Psychologe Hans Eberspächer, der seine wissenschaftlichen Arbeits- und Forschungsschwerpunkte auch bei mentalem Training hat, drückte es einmal so aus: „In Selbstgesprächen formuliert man Pläne für sein Handeln, gibt sich selbst Anweisungen, ordnet seine Gedanken oder kommentiert das eigene Handeln."

Da negativ steuernde Gedanken bei jedem von uns vorkommen können – meist in Form von Selbstgesprächen, die gar nicht immer bewusst als solche wahrgenommen werden – ist die positive Eigenmotivation das A und O des Erfolges.

Im Leistungssport ist das schon längst bekannt und Selbstgesprächsregulation gehört bei Spitzensportlern zur normalen Tagesordnung.

Mit Selbstgesprächsregulationen unterstützen Spitzensportler ihre jeweiligen Handlungen und Bewegungen im Sinne von Konzentration, Motivation und Befindlichkeit. Eins können Sie mir glauben: Sie müssen kein durchtrainierter Spitzensportler sein, um sich ebenfalls richtig zu beeinflussen!

Zum Selbstmotivieren gehört vor allem Selbstvertrauen. Das wiederum ist eng mit dem jeweiligen Selbstbild gekoppelt: Sind Sie von Ihrem Können überzeugt, dann können Sie auch über dieses verfügen. Verstärken Sie dagegen ein negatives Selbstbild und glauben nicht wirklich an Ihr Leistungspotential, so wird das unweigerlich zu einem geringen Selbstvertrauen führen – und dann fällt auch jegliche positive Eigenmotivation schwer.

Deshalb sollten Sie sich nicht Ihre Schwächen vor Augen führen, sondern Ihre Stärken! Erst dann können Sie mit dem „Umprogrammieren" anfangen: Denken Sie sich ans Ziel Ihrer Wünsche und sagen Sie sich dabei immer wieder in Ihren Gedanken, dass Sie alle Probleme auf dem Weg dorthin aus der Welt schaffen können.

Verwenden Sie aber keine Verneinungen, da Ihr Gehirn das von sich aus ausblendet und zum Beispiel ein „Ich bin nicht unglücklich" zu einem „Ich bin unglücklich" abändern würde. Sagen Sie besser gleich „Ich bin glücklich"!

Außerdem sollten Sie sich eher kurze Anordnungen in der Gegenwartsform geben und keine langen Instruktionen, bei denen Sie sich verhaspeln können. Im Grunde ist es völlig egal, ob Sie diese Sätze dann nur denken, laut aufsagen, summen, singen oder was

Ihnen sonst gefällt. Sie können auch kleine Kärtchen beschriften und diese bei jeder Möglichkeit aus der Tasche ziehen und lesen. Ebenso können Sie sich auch überall entsprechend beschriftete Blätter aufhängen – vom Schlafzimmer neben dem Bett bis zum Bad neben den Spiegel.

Erfahrungsgemäß benötigt es rund vierzig Tage, bis ein solches Umprogrammieren „greift". Aber nicht jeder Mensch ist gleich, eventuell dauert es bei Ihnen auch doppelt so lange. Sie werden auf jeden Fall merken, dass die sogenannte Affirmation sehr schnell Früchte trägt – Sie fangen an, sich plötzlich optimistischer zu fühlen, sich mehr zuzutrauen und werden deshalb sicherlich auch viel mehr erreichen.

Entscheidend ist vor allem, dass Sie sich Ihre positiven Instruktionen selbst zukommen lassen und damit neue Muster in Ihrem Unterbewusstsein anlegen: Bereits ein „Ich schaffe das" oder „Ich kann das" kann hier wahre Wunder wirken.

Der Vorteil der Affirmationen ist aber nicht, dass Sie zukünftig nur noch positiv denken – das ist sogar eher unwahrscheinlich – sondern vor allem, dass Sie sich Ihrer Stärken wieder bewusst werden. Denn nur dann achten Sie auch automatisch mehr auf Ihre Gedanken und zwar unabhängig davon, ob Sie das, was Ihnen gerade passiert, als „gut" oder „schlecht" bezeichnen.

Damit komme ich zum Ende der Billard-Strategie. Ich hoffe, ich habe Ihnen anfangs nicht zu viel versprochen.

Sie wissen nun, dass bereits ein ganz, ganz kleiner Anstoß reicht und schon rollt die weiße Kugel (Ihre Handlungsfähigkeit) über Ihr Spielfeld. Und das ist tausendmal besser als nichts zu machen und abzuwarten.

Sie brauchen dabei keine Angst zu haben, denn Ihnen wird durch den „Anstoß" nichts passieren – außer, dass Sie dadurch die Möglichkeit haben, neue

Chancen zu entdecken, die das Leben auch für Sie bereithält.

Lassen Sie deshalb Ihr Leben nicht länger von negativen Gefühlen oder lähmenden Gedanken leiten. Programmieren Sie sich einfach um, so wie das auch Spitzensportler machen und motivieren Sie sich täglich selbst dazu, Ihre Ziele zu erreichen.

Verharren Sie also nicht mehr tatenlos und lassen Sie sich Ihre Optionen nicht aus der Hand nehmen. Vor allem: Sehen Sie sich nicht fremdbestimmt!

Sie haben die Kraft, Sie besitzen das Können und Sie haben jetzt die Billard-Strategie dazu – machen Sie etwas daraus, Sie haben nur dieses eine Leben!

Zu guter Letzt gebe ich Ihnen noch ein passendes Zitat des Dichters und Philosophen Friedrich Schiller mit auf den Weg, dem ich nichts weiter zuzufügen habe: **„Der Mensch spielt nur, wo er in voller Bedeutung des Wortes Mensch ist, und er ist nur da ganz Mensch, wo er spielt."**

Nicht vergessen!

Wenn man erst einmal etwas angestoßen hat, wird nichts mehr so sein, wie es einmal war – deshalb lohnt sich selbst der kleinste „Anstoß" im Leben!

Sobald Sie sich bewegen, egal in welche Richtung, werden Sie sehen, wie sich alles um Sie herum verändert.

Nur wer etwas unternimmt, minimiert sein Risiko bei einem Misserfolg – bloßes Nachdenken und Nichtstun erhöht es dagegen.

Bringen Sie Ordnung in Ihre Gedanken, vermeiden Sie negative Emotionen und geben Sie sich selbst konsequent und motiviert Ihre Zielrichtung vor.

Mit der Billard-Strategie verändern Sie nicht Ihre Zukunft – denn die ist zu komplex. Aber Sie versetzen sich in eine bessere Ausgangslage.

Wer Dinge nicht angeht, kann nicht agieren, sondern muss irgendwann reagieren! Und wer reagiert, hat oft die schlechtere Ausgangslage, weil weniger Optionen zur Verfügung stehen.

Was Sie mit Ihren Gedanken machen, liegt an Ihnen – Sie können jederzeit selbst bestimmen, wie „Ihr Spiel" weitergeht!

www.tredition.de

Über tredition

Der tredition Verlag wurde 2006 in Hamburg gegründet. Seitdem hat tredition Hunderte von Büchern veröffentlicht. Autoren können in wenigen leichten Schritten print-Books, e-Books und audio-Books publizieren. Der Verlag hat das Ziel, die beste und fairste Veröffentlichungsmöglichkeit für Autoren zu bieten.

tredition wurde mit der Erkenntnis gegründet, dass nur etwa jedes 200. bei Verlagen eingereichte Manuskript veröffentlicht wird. Dabei hat jedes Buch seinen Markt, also seine Leser. tredition sorgt dafür, dass für jedes Buch die Leserschaft auch erreicht wird

Autoren können das einzigartige Literatur-Netzwerk von tredition nutzen. Hier bieten zahlreiche Literatur-Partner (das sind Lektoren, Übersetzer, Hörbuchsprecher und Illustratoren) ihre Dienstleistung an, um Manuskripte zu verbessern oder die Vielfalt zu erhöhen. Autoren vereinbaren unabhängig von tredition mit Literatur-Partnern die Konditionen ihrer Zusammenarbeit und können gemeinsam am Erfolg des Buches partizipieren.

Das gesamte Verlagsprogramm von tredition ist bei allen stationären Buchhandlungen und Online-Buchhändlern wie z. B. Amazon erhältlich. e-Books stehen bei den führenden Online-Portalen (z. B. iBookstore von Apple) zum Verkauf.

Seit 2009 bietet tredition sein Verlagskonzept auch als sogenanntes „White-Label" an. Das bedeutet, dass andere Personen oder Institutionen risikofrei und unkompliziert selbst zum Herausgeber von Büchern und Buchreihen unter eigener Marke werden können.

Mittlerweile zählen zahlreiche renommierte Unternehmen, Zeitschriften-, Zeitungs- und Buchverlage, Universitäten, Forschungseinrichtungen, Unternehmensberatungen zu den Kunden von tredition. Unter www.tredition-corporate.de bietet tredition vielfältige weitere Verlagsleistungen speziell für Geschäftskunden an.

tredition wurde mit mehreren Innovationspreisen ausgezeichnet, u. a. Webfuture Award und Innovationspreis der Buch-Digitale.

tredition ist Mitglied im Börsenverein des Deutschen Buchhandels.

MIX

Papier | Fördert
gute Waldnutzung

FSC® C083411

Zeitfracht Medien GmbH
Ferdinand-Jühlke-Straße 7
99095 Erfurt, Deutschland
produktsicherheit@kolibri360.de